INAUGURATION

DU

CHEMIN DE FER

DE

LA DOMBES,

LE SAMEDI 25 AOUT 1866.

INAUGURATION

DU

CHEMIN DE FER

DE

LA DOMBES,

Le samedi 25 août 1866.

Enfin la Dombes a son chemin de fer. La Dombes si pleine de tristesse, dont les mélancoliques paysages ont inspiré les poètes, les littérateurs et les pinceaux si suaves et si habiles de MM. Viot et Leymarie, la Dombes a entendu le sifflement de la vapeur, elle a vu d'élégants wagons traverser ses étangs et filer comme par enchantement sur ses vastes plaines étonnées.

1

— 2 —

Samedi, à dix heures et demie, un convoi
spécial partait de Bourg emportant M. le Préfet,
MM. Le Hon, Bodin et Girod (de l'Ain), Mgr
l'évêque de Belley et ses grands-vicaires, MM. le
Secrétaire-général de l'Ain, le Maire de Bourg,
le Préfet de Saône-et-Loire, les Sous-Préfets,
les membres du Conseil général, les ingénieurs
de l'Ain, les directeurs d'administration et
toutes les notabilités du pays.

Quel confortable dans ces wagons où l'on
est comme dans sa chambre et mieux que
dans sa chambre! des couloirs les traversent
dans le milieu et les font communiquer tous les
uns aux autres. Dans un salon commun, aux
lambris dorés, se trouvent des divans avec
fauteuils, glaces et tout le luxe du jour.

Nous marchions avec une vitesse ordinaire afin
que chacun pût voir le pays et s'arrêter un
instant aux gares. Mon voisin, qui habite les
hautes montagnes du Bugey, demande un étang,
un étang en eau. Il s'impatientait déjà lorsque
tout à coup une nappe liquide se montre à nos
yeux; le rail-way s'y est établi au milieu
jusqu'à ce qu'il l'ait fait disparaître. — Mon voisin demande maintenant un étang en *assec*. —
En voici un, lui dis-je, en lui montrant un vaste
champ d'avoine environné de digues avec un
thou à l'une des chaussées.

A Saint-Paul-de-Varax, il nous a été donné
de voir son église romane si curieuse et dont
les archéologues font remonter la construction
au XIe siècle. La façade porte tous les carac-
tères du Bas-Empire, et son intérieur respire,
comme a dit M. Leymarie, un parfum des croi-
sades.

Après Saint-Paul, Marlieux, puis nous dé-
couvrons dans le lointain, par-dessus les
champs tapissés des fleurs de sarrazin, la
Trappe des Dombes dont le clocher et les bâti-

ments émergent au milieu d'arbres verts.

Voici déjà Villars avec son animation, avec sa gare toute pavoisée, la vieille cité des sires de Thoire et Villars, déchue de son antique splendeur, semble renaître sous le progrès moderne. L'origine de Villars est des plus anciennes, elle remonte à l'an 1000, année des frémissements. De la tour de son antique château la vue a des splendeurs infinies. Son église du XIIe siècle renferme de beaux spécimens d'architecture, entr'autres une crédence du style flamboyant.

Le train parti de Lyon arrive en même temps que le nôtre; on se salue, on s'acclame. Lyon et Bourg semblent se donner plus intimement la main; ils sont là chez eux, sur leur territoire, par la ligne la plus directe.

Des wagons venant de Lyon descendent M. Chevreau, préfet du Rhône, M. Gaulot, procureur général, MM. Mangini et les ingénieurs de Lyon, M. Cardon de Sandrans, maître des requêtes au conseil d'Etat, les administrateurs de la grande cité lyonnaise, les rédacteurs des trois journaux politiques de cette ville, beaucoup de curieux.

M. Béharelle, sous-préfet de Trévoux, M. le maire de Villars sont là pour faire accueil aux étrangers. M. le maire salue M. le préfet par quelques bonnes paroles. Le R. P. de la Trappe se présente avec la crosse de bois; il est là aussi sur cette terre que de nouveaux moines vont fertiliser avec les instruments de la civilisation moderne.

Tout cet immense et important cortège prend place sur la chaussée devant la gare. Alors M. le préfet se lève et de sa voix aimée et sympathique adresse à l'assemblée le discours suivant :

« Messieurs,

« L'imposante solennité qui nous réunit ici et que nous aurions été si heureux de voir présidée par S. Exc. M. Béhic, marquera une date mémorable dans les annales de la Dombes. Je dirais volontiers que l'inauguration de ce chemin de fer est pour ce pays, vierge encore, le grand événement qui va le doter d'une forte virilité et le lancer dans la voie de la civilisation et du progrès, si nous n'avions le triste et long souvenir que, de date ancienne, cette contrée est frappée d'une sénilité précoce, et que nos efforts ont déjà tendu à lui infuser une seconde jeunesse.

« Avec tout ce qui peut donner la richesse, au milieu de conditions qu'envieraient tant d'autres contrées moins bien douées, celle-ci hier encore était pauvre, pauvre de cette pauvreté la plus cruelle, la plus irrémédiable, parce qu'elle a pour compagnes la maladie et la souffrance. Et cependant cette Dombes, dont le nom seul est comme un objet d'effroi, possède un sol fertile; à deux pas est placé l'un des plus vastes marchés de France, la ville de Lyon, dont l'immense population offre à tous ses produits un riche débouché; à ses côtés coulent deux rivières navigables qui ont toujours ouvert à ses grains les marchés du Midi.

« Comment se fait-il que, dans de pareilles conditions, elle soit restée ce qu'elle était il y a cent ans, avec une terre dont le prix est avili, des propriétaires qui s'en éloignent et une population clair-semée, insuffisante toujours aux travaux de l'agriculture, plus insuffisante encore quand la fièvre fait tomber de ses mains les instruments de travail ?

« Cette triste situation tenait tout autant à

l'esprit de routine qu'à une déplorable organisation de la propriété des étangs.

« Les étangs, Messieurs, à l'époque où ils ont été créés, marquaient un progrès important. Ils permettaient d'utiliser d'immenses espaces de terrain, que le défaut d'habitants rendait improductifs. Alors ils pouvaient être sans danger, car il était facile de les jeter loin des villages et des fermes. Mais à mesure que la population s'accrut, elle se rapprocha de ces foyers d'infection. Ce mode de culture néanmoins fut trouvé si commode qu'il prit une grande extension. Chacun contribua à son établissement : les uns en fournissant le sol ; les autres, la main-d'œuvre en tout ou en partie ; ceux-ci, des prises d'eau ; ceux-là, des servitudes, si bien qu'un jour vint où tous les propriétaires en Dombes possédaient des étangs en assec, en évolage, en pies d'assec ou d'évolage. Puis comme dans tous les pays où la population est clair-semée, la propriété ne se divisa point. Elle resta aux mains de riches détenteurs qui la donnaient à bail, sans s'inquiéter d'autre chose que du prix de ferme et des échéances.

« Et tandis qu'ils consommaient au loin le produit du sol, ce sol était sans pitié pour ceux qui le remuaient, sans pitié pour les colons qui le fuyaient, lorsqu'ils étaient étrangers, sans pitié pour les habitants qui, avec cette inertie si commune dans les tempéraments dégénérés, s'habituaient à ce long bail avec la maladie qu'ils léguaient à leurs enfants. Le mal s'était ainsi établi en maître dans ce pays ; il s'asseyait à chaque foyer, comme le soldat ennemi qu'on subit en temps de guerre. Et personne n'élevait la voix pour demander la destruction de cet hôpital de cent mille hectares : personne, parce que ceux qui auraient pu réclamer et dont la parole avait accès au pied du trône ou dans les conseils du gouvernement ne connaissaient ce mal que pour en avoir ouï parler; et parce que ceux qui en souffraient subissaient les conséquences d'institutions qui n'avaient pas pour base le suffrage universel, ni, au même degré, pour but à atteindre, l'amélioration du sort de la classe ouvrière.

«Ainsi, Messieurs, d'une part, l'intérêt égoïste et mal entendu des propriétaires, d'autre part une indifférence que ne surexcitaient point la conviction du droit et le sentiment d'améliorations possibles, prolongeaient indéfiniment un *statu quo* dont souffraient et l'agriculture, et l'humanité, et la civilisation.

« Il était réservé au règne de Napoléon III de mettre un terme à ce mal plusieurs fois séculaire, et de rendre à la salubrité un pays qui faisait tache au milieu des plaines opulentes et des riches coteaux de la Bresse, du Dauphiné et du Beaujolais. L'Empereur a voulu que ce pays aux portes d'une grande cité ne fût plus un lieu d'infection, que les habitants eussent le droit d'y vivre aux mêmes conditions de salubrité que partout ailleurs, que la propriété se relevât de cet état d'avilissement qui rendait les transactions si difficiles, que l'agriculture y pût marcher à pas rapides et doter un sol riche par lui-même de ces grandes innovations qui en décuplent la fécondité. Voilà le programme qu'avaient conçu le grand cœur et la haute raison du Souverain, et que Sa Majesté voulait réaliser en triomphant des obstacles qui ne pouvaient manquer de surgir.

« Ces obstacles, on les voyait poindre en quelque sorte dans la mauvaise volonté des uns dans le défaut d'entente parmi les autres, dans les froissements d'intérêts ou d'amours propres, dans cette rigidité du droit où se retranche toujours la propriété, enfin dans le scepticisme calculé ou de mauvaise foi qui est toujours l'écueil des grandes innovations.

« On pouvait craindre de voir surgir ici les oppositions qui avaient accueilli, sous Louis XIV, les projets d'établissement des canaux du Languedoc et de Beaucaire, de desséchement des marais d'Aigues-Mortes ; — les oppositions qui, sous le règne de Tibère, avaient fait avorter le projet présenté au Sénat pour prévenir les inondations du Tibre. Que ne dit-on pas alors contre un travail si utile à la ville de Rome ? Le Tibre lui-même, assuraient les opposants dans un langage très-sérieux, ne s'indignerait-il pas de couler avec moins de gloire : *Quin ipsum Tiberim nolle prorsus minore gloria fluere* (*) Tant est invétéré le préjugé contre tout ce qui est nouveau...! Et n'a-t-on pas vu, il y a quelques années, les habitants des Landes protester contre les améliorations dont l'Empereur a pris l'initiative et se plaindre qu'il leur vint trois fléaux à la fois : le chemin de fer, les routes agricoles, les agents des domaines !...

« Il importait donc de trouver un système qui donnât satisfaction à tous les intérêts, à toutes les ambitions. En un mot, pour réussir, il fallait dépasser le but. Jugez si le succès n'a pas été au-delà des espérances.

« Assainir la Dombes, disaient les moins exigeants, quoi de plus simple ! La Révolution vous a armés d'une loi impitoyable peut-être, mais sûre, allant droit au but sans se préoccupper des questions d'intérêt privé, et l'atteignant par la voie la plus courte, comme tout ce qui se faisait alors au nom du salut public. Demandez au pays quels sont les étangs insalu-

---

(*) Tacite. *Annales.* Livre 1ᵉʳ. § XXIX.

bres, et par un arrêté préfectoral supprimez-les ; c'est bien simple.

« C'était bien simple en effet, Messieurs. On se serait exécuté de bonne grâce ou l'on aurait résisté. Dans ce dernier cas, la force publique aurait eu bien vite raison des résistances. Les digues auraient été coupées et les étangs auraient disparu. Oui ; mais le propriétaire froissé dans ses intérêts, blessé dans son instinct, aurait maudit le bienfait qu'il payait au prix de sa ruine. Et qui sait si ces étangs, laissés incultes faute de capitaux, ne se fussent pas convertis en marais plus dangereux encore, ou tout au moins, en restant improductifs n'eussent point donné le triste spectacle de la misère succédant à l'insalubrité ? Et puis, dans notre pays où les instincts généreux dominent, on ne comprend plus ces sacrifices sans compensation, consentis ou imposés à quelques-uns au profit de tous. Les grands principes d'égalité et de justice, qui sont la base de notre civilisation et de notre droit administratif, ne s'accommodent plus de ces lois d'exception. Aussi l'esprit public se trouvait-il mal à l'aise en face de ce rigoureux moyen d'assainissement, la loi de 1792.

« Bientôt le mot de prime ou d'indemnité fut prononcé. Il fut bien accepté de tous, parce que l'idée qu'il représentait correspondait à un besoin général d'équité. Le gouvernement et l'administration se mirent à la tête d'un système qui rendait l'assainissement pratique en l'opérant par la voie gracieuse d'une part, et d'autre part en donnant aux propriétaires les moyens de créer de nouvelles exploitations et de transformer leur culture. Une loi fut préparée qui allouait un crédit à cet effet. Des propriétaires se réunirent pour préparer des périmètres d'épreuves. On publia force brochures où furent célébrés les avantage du nouveau système. C'était le triomphe de la liberté sur le despotisme de la loi révolutionnaire, la satisfaction de l'intérêt privé marchant de front avec la satisfaction de l'intérêt général, le progrès agricole assuré et succédant à la pratique d'une routine sans issue et condamnée à l'immobilité. En un mot, le but si désiré semblait atteint....

« Non, messieurs, on était à peine à moitié de la route. Des hommes, que recommandent à la reconnaissance publique l'amour du pays et l'intelligence de cette délicate question, publièrent hautement qu'on traitait cette affaire par son côté mesquin et le plus étroit ; que la Dombes serait toujours un pays arriéré si on ne la peuplait pas ; que la terre s'immobiliserait toujours entre les mêmes mains si on n'en augmentait pas la valeur en la rendant accessible aux étrangers ; que le sol se refuserait à tout jamais à une plus riche fécondité si on ne lui amenait pas de loin les engrais et les amendements ; que la culture s'épuiserait en vains efforts si on ne diminuait pas son étendue par la construction de bâtiments d'exploitation, et qu'un chemin de fer seul pouvait amener les bras qui manquaient, relever le prix de la terre, transporter des engrais et les matériaux de construction.

« Cette idée d'un chemin de fer en Dombes fut accueillie avec surprise par les uns, avec scepticisme par d'autres, avec indifférence par le plus grand nombre. C'est à peine si quelques esprits d'élite échappèrent au sentiment général de défaveur qui avait son origine dans ce préjugé qu'un chemin de fer ne peut et ne doit être qu'une entreprise industrielle destinée à desservir de grands courants commerciaux et à produire d'abondantes recettes. Et à ce

compte-là, un chemin de fer en Dombes, c'est-
à-dire dans un désert, entre deux grandes lignes
et deux grands fleuves, c'était une folie.

« Oui, messieurs, c'était une folie, mais une
de ces folies qu'exalte le grand apôtre, parce
qu'elle est le synonyme de dévouement, de
progrès incompris du vulgaire, de révolution
dans son sens le plus large et le plus bienfai-
sant. Un chemin de fer en Dombes, chemin
agricole et d'assainissement, c'était la civilisation faisant invasion dans ce pays, l'insalubrité
fuyant à tire d'ailes devant la vapeur, la
richesse agricole remplaçant la pauvreté, la vie
active et pleine d'espérances succédant à un
marasme qui n'était qu'une longue agonie.
C'était en un mot verser sur l'agriculture les
bienfaits que les voies ferrées assurent à l'industrie. Et le gouvernement de l'Empereur
plus intelligent et plus soucieux des intérêts de
ce pays que le pays lui-même, sur la proposi-
tion d'un ministre (*) auquel étaient réservées
de grandes destinées, décréta qu'un rail-way
traverserait la Dombes de part en part; et
comme le but à atteindre était une œuvre de
conciliation morale tout autant que de régénération matérielle, on décida en même temps que
des primes seraient données pour aider au
dessèchement de 6,000 hectares d'étangs.

« Si je ne me trompe, messieurs, voilà de la
grande administration ; je dis plus, voilà de la
grande politique. Quand un souverain est atten-
tif aux intérêts confiés à sa sollicitude à ce
point de prêter l'oreille à tous les bruits qui lui
viennent d'en bas, quand ces bruits sont des
cris de souffrance, des aspirations au bien-être
et à de légitimes améliorations, quand des do-
léances viennent émouvoir son cœur et frapper

(*) M. Rouher, ministre d'Etat.

son esprit au point de les placer dans ses préoc-
cupations de chef de l'Etat au niveau des plus
grands intérêts du commerce et de l'industrie,
s'il est assez heureux et assez habile pour faire
converger vers le même but toutes les volontés,
donner à ce que l'on considère comme étant
d'un intérêt secondaire l'autorité de l'intérêt
général, aux questions qui se rattachent aux
souffrances des classes agricoles la grandeur
d'une question d'ordre public et d'humanité ;
s'il réussit enfin à élever au-dessus de l'ornière
où ils se sont traînés si longtemps les éternels
problèmes du capital et du travail agricole, à
surmonter des obstacles que leur opposent le
climat et l'absentéisme, ce souverain fait de la
grande administration ; celle qui néglige les
petits moyens, va chercher le mal à sa source,
et par des mesures d'ensemble décrétées de
haut et appliquées avec ampleur transforme
un pays tout entier. Il fait encore de la grande
politique. Car il impose ainsi l'admiration pour
son génie, l'affection pour son grand caractère,
la reconnaissance pour les qualités de son
noble cœur ! Quelle plus belle auréole pour sa
couronne ! Et quels droits d'hérédité ou de conquête valurent jamais cette triple consécration ?
Quelles plus belles assises pour fonder une
dynastie ! Quelle force plus imposante pour
commander à l'étranger le respect et la crainte !
En un mot, messieurs, c'est par une telle administration et une telle politique qu'on assure
les immortelles conquêtes de la paix, à l'intérieur contre la routine et les mauvaises pas-
sions, à l'extérieur contre l'ambition que gran-
dissent les succès et contre les défaillances
qu'entraînent après eux les revers.

« Les prières de notre pieux prélat vont appeler les bénédictions de Dieu sur cette nouvelle
voie ferrée. Qu'elle réalise toutes les espéran-

ces que le Gouvernement et le pays fondent sur elle, et qu'elle soit entre les mains de la Providence un glorieux instrument de fécondité et de salut!

« Maintenant, messieurs, j'acquitte la dette de reconnaissance de la Dombes et du département tout entier en remerciant publiquement tous ceux qui ont concouru à l'établisement de ce chemin de fer et à l'organisation de ce nouveau système d'assainissement. Grâces soient rendues au Conseil général dont la délibération de 1861 a été le point de départ de cette importante réforme ! Grâces soient rendues à nos députés qui ont mis leur intelligente initiative au service de cette idée et ont engagé leur responsabilité à sa réalisation ! Grâces soient rendues à mes prédécesseurs qui ont préparé par leurs travaux et leur constante préoccupation le système de la loi de 1863 ! Grâces soient rendues aux hommes influents de la Dombes qui ont aidé l'administration de leurs lumières et de leur longue expérience ! Grâces soient rendues aux pieux anachorètes qui sont venus, encouragés par une haute intervention, féconder le sol par leur dévouement, l'assainir par leurs sacrifices et montrer à vos populations comment on ennoblit le travail par la prière ! Grâces soient rendues à la compagnie qui n'a pas craint d'affronter une œuvre délicate et difficile, celle de la suppression des étangs, et d'accepter la concession d'une ligne dont les produits utiles ne peuvent être que le résultat d'une exploitation dirigée avec sagesse et une industrieuse économie ! Grâces soient rendues à l'habile constructeur qui en engageant son amour-propre, son expérience et sa fortune dans cette affaire, a acquis en Dombes les droits de cité, et a mérité de recevoir du Souverain un éclatant témoignage de bienveillance au mo-

ment où il venait d'obtenir dans son canton un
précieux témoignage d'estime !

« Enfin, grâces vous soient rendues à vous,
monsieur le Sénateur (*), monsieur le procureur général, qui avez bien voulu aban-
donner les graves intérêts dont vous êtes
chargés pour nous apporter ici une preuve
de sympathie ! La ville de Lyon, dont les
destinées vous sont confiées, peut voir dans
la Dombes, et à courte échéance, une ban-
lieue pour son agrément et d'immenses maga-
sins pour son approvisionnement. A ce titre,
tout ce qui touche à sa richesse et à son assainissement doit trouver un écho dans la grande
cité et exciter l'intérêt de ses administrateurs.

« A vous tous, messieurs, à qui notre département est si heureux d'offrir l'hospitalité, merci.
Votre présence au milieu de ces plaines, soli-
tudes étonnées d'un tel concours, ne sera pas
une stérile démonstration. En relevant à leurs
propres yeux les habitants de ces villages, elle
leur dira quelle est la grandeur de l'œuvre d'où
dépend leur avenir. Elle leur apprendra à apprécier plus encore, s'il est possible, la généro-
sité du souverain et de cette manifestation si
imposante, ils tireront cette grande leçon : c'est
qu'aujourd'hui, dans notre France démocrati-
que, tout ce qui est intelligent et a du cœur ne
comprend le progrès qu'avec l'amélioration du
sort des classes ouvrières et agricoles ; mais à
la condition que ces classes, objet de toutes les
sollicitudes, seront, pour une bonne part, les
artisans de leur réhabilitation par leur moralité,
leur esprit d'ordre, leurs habitudes de travail ;
qu'elles rempliront avec dignité le rôle qui leur
est assigné dans notre société moderne et té-
moigneront ainsi, aux yeux de la France, de

____

(*) M. Chevreau, préfet du Rhône.

leur patriotisme intelligent et de leur dévouement à l'Empereur. »

Les cris de *Vive l'Empereur !* retentissent
avec élan.

M. le comte Le Hon se lève à son tour et
prononce avec animation l'allocution suivante:

« Monsieur le Préfet, Messieurs,

« Les éloquentes paroles que vient de pro-
noncer le premier magistrat du département,
que nous entourons tous de notre estime et de
notre affection, vous ont exposé le caractère et
l'importance de la cérémonie qui réunit ici
cette brillante assemblée. Je n'aurais rien à
ajouter si ma voix, empruntant toute son autorité aux hautes fonctions dont je suis investi,
ne devait se faire entendre pour exprimer les
sentiments du pays.

« Je me sens saisi d'une indicible émotion en
contemplant la grandeur des bienfaits que nous
devons à l'Empereur. Un chemin de fer en
Dombes? Je me demande si c'est bien la réalité.
Il y a quelques années, c'était un rêve, même
pour les plus hardis.

« Il faut le dire et le répéter sans cesse, tout
ce qui a été fait pour la Dombes est dû à
l'Empereur. Quand il a connu la situation de
cette malheureuse contrée, ses souffrances et
ses misères, il a voulu de suite y mettre un
terme. Grâce à son initiative, cette grande
question de l'assainissement et du dessèchement des étangs, depuis si longtemps agitée et
toujours laissée en suspens, a reçu une
prompte solution. Et quelle solution, Messieurs! Celle que pouvait seule donner l'action
la plus puissante et la plus tutélaire. Des millions étaient accordés pour exécuter un chemin

de fer et distribuer des primes, **destinées** à
atténuer les sacrifices imposés à ceux qu'on
troublait dans la jouissance d'une propriété,
qu'on pensait, dans d'autres temps, à sup-
primer sans compensations. Secondé par un
ministre dont le nom est aujourd'hui connu de
tous, qui excite l'admiration par la puissance
de son talent et la hauteur de son éloquence,
l'Empereur a assuré la régénération et la prospérité de cette contrée deshéritée. C'est bien
lui qui a tout fait. Il veillait sans cesse à la
réalisation de ses généreuses pensées. Elle
n'était pas sans difficultés, car enfin ce chemin
de fer, rien n'en commandait l'exécution,
comme pour tant d'autres, ni l'intérêt général,
ni la nécessité de créer des communications entre des points importants du territoire, et
il ne pouvait être établi qu'à l'aide d'une subvention énorme. Nous pouvons mieux que
personne, mon honorable ami M. Bodin et
moi, vous parler de l'incessante sollicitude du
Souverain pour notre pays. Quand nous sui-
vions, avec une vive émotion que vous com-
prendrez, l'accomplissement de ses projets,
au milieu des épreuves administratives, et que
parfois nous pouvions craindre pour leur succès, nous avons toujours senti les effets de
cette auguste volonté, qui levait tous les obstacles et produisait des résultats inespérés.
Les faveurs dont l'arrondissement est comblé
sont grandes, il faut le reconnaître. Nous pouvons vous dire que quand vint au Corps législatif cette loi mémorable, qui accordait tant de
millions pour une seule et même contrée, nous
avons vu éclater chez nos collégues, si ce n'est
des sentiments de jalousie, tout au moins des
sentiments d'envie.

« Qu'on n'oublie jamais, Messieurs, à quelles
conditions exceptionnellement avantageuses

pour le pays, a été exécuté ce chemin de fer, qui va faire sa fortune. C'était sous le bienheureux régime de cette législation qui permettait de puiser dans le Trésor seul les sommes allouées comme subvention ; alors que maintenant ceux qui veulent avoir aussi des chemins de fer sont obligés, pour les obtenir, de s'imposer des sacrifices personnels considérables. A ce propos laissez-moi, en ce jour de fête, pour associer à nos joies tous les membres de la grande famille départementale, envoyer à nos montagnes des paroles d'espérance et d'encouragement. Elles poursuivent aussi, avec une rare énergie et sans reculer devant les plus lourds sacrifices, pour retrouver la prospérité perdue et échapper aux conditions d'une infériorité fatale, une œuvre à laquelle nous devons souhaiter une réussite complète. Donnons-leur l'assurance qu'elles peuvent compter sur nos efforts et notre entier dévouement.

« L'intérêt de l'Empereur, Messieurs, dont nous ne saurions être trop vivement touchés, se continue encore. Pour en donner un dernier témoignage, il daignait signer hier un décret qui accordait une marque de haute distinction à un membre du Conseil général, appartenant à l'arrondissement de Trévoux. Le Conseil général doit se réjouir de cette faveur ; d'abord parce qu'elle est donnée à un de nos honorables collègues, que nous aimons et estimons tous, ensuite parce qu'elle rejaillit sur lui tout entier. Il serait injuste de ne pas mentionner la part très-grande qu'il a prise à tout ce qui a été fait pour la Dombes. Il faut surtout rappeler avec quelle sagesse, résistant à des entraînements, qui pour être louables n'en auraient pas été moins regrettables, il a défendu les intérêts si sacrés de la propriété. Repoussant un système de fâcheuse coërcition, il a posé et fait prévaloir le principe de justes compensations accordées à ceux dont la propriété devait être transformée, dans un but généreux d'utilité publique.

« Elevons donc, Messieurs, notre pensée tout entière vers l'Empereur, et faisons éclater les sentiments chaleureux de notre reconnaissance.

« Monsieur le Préfet, je vous demande, à vous qui représentez le Souverain, de lui faire parvenir l'hommage du profond respect et de l'inaltérable dévouement du Conseil général. Dites-lui combien est vif et sincère l'attachement du département. Dites-lui également qu'ils sont bien rares, chez nous, ces esprits inquiets et impatients, que rien ne peut satisfaire, qui ont le défaut de regarder vers le passé sans jeter les yeux sur le présent ou sur l'avenir, de considérer les bienfaits comme le paiement d'une dette et la reconnaissance comme un lourd fardeau. Faites savoir à l'Empereur que nos populations l'aiment profondément, qu'elles sentent tout ce que la France lui doit de prospérité et de grandeur, et tout ce qu'elle peut attendre encore de son génie et de sa dynastie. Ce cri de vive l'Empereur, que je vais faire entendre, n'est pas une parole banale, exprimée pour l'accomplissement d'un devoir officiel, c'est l'écho du pays tout entier, c'est l'accent véritable qui rend le sentiment de tous les cœurs.

« *Vive l'Empereur!* »

Les cris de *Vive l'Empereur!* sont longtemps répétés.

M. le curé de Villars a adressé ensuite à Mgr l'évêque les paroles suivantes :

2

« Monseigneur,

« Il n'est pas moins flatteur qu'honorable pour mon ministère d'être chargé, en ce jour solennel, de présenter à Votre Grandeur l'hommage non-seulement de cette paroisse que vous venez honorer de votre présence, mais encore de toute cette contrée, dont l'auguste cérémonie que vous allez présider va combler tous les vœux.

« Dans le transport de joie qui nous anime, tous les cœurs viennent s'offrir à vous, et le tribut de vénération que nous nous empressons de vous rendre n'est encore qu'une faible expression de notre zèle et de votre filial amour.

« Il n'est pas une brebis de cette portion choisie du troupeau fidèle, Monseigneur, qui ne connaisse et ne sache apprécier la tendre sollicitude que vous portez à ces contrées. Portes, Sélignat et tant d'autres œuvres dont vous avez doté le diocèse proclament bien haut votre zèle inépuisable ; mais il en est une qui portera aux générations les plus reculées votre nom béni. Elle s'élève à deux pas de nous, comme l'oasis au milieu du désert, et l'habitant des Dombes, en même temps qu'il s'y formera aux plus saines notions de l'agriculture pourra, par l'exemple de ces pieux anachorètes, former son cœur à la vertu et y abreuver son âme à ces eaux pures qui jaillissent jusqu'à la vie éternelle. Toutefois, ce n'était que le prélude d'un autre bienfait signalé dont Votre Grandeur appelait et voyait arriver la réalisation avec tant de joie. Vos vœux ainsi que les nôtres, Monseigneur, sont satisfaits.

« Le jour, à jamais mémorable, qui brille sur ces contrées, met le comble à la joie de leurs habitants ; il ouvre pour eux une ère nouvelle de prospérité. Grâce à la haute et bienveillante sollicitude de l'Empereur qui s'intéresse à nous d'une manière si touchante, nous quittons notre isolement, nous entrons en communication directe avec les cités les plus opulentes, et cette terre, naguère inhospitalière, n'aura désormais plus rien à envier aux plus riches contrées de notre belle France.

«Que M. le préfet, qui a déployé tant d'activité dans cette entreprise et qui nous a fait l'honneur de choisir Villars pour être le lieu de l'auguste cérémonie qui réunit aujourd'hui dans ses murs tant d'illustrations, veuille bien recevoir l'expression de tous nos remerciments et porter au pied du trône le tribut légitime de notre vive et éternelle reconnaissance.

« Qu'il soit permis à ma faible voix, dans cette circonstance exceptionnelle, d'adresser ses remerciments d'abord à nos honorables représentants, M. le comte Le Hon et M. Bodin. Cette paroisse n'oubliera jamais le puissant appui qu'ils nous ont prêté avec tant de bienveillance dans l'érection de notre salle d'asile et de nos écoles gratuites ; c'est une dette du cœur et la dette du cœur est de toutes la plus sacrée.

« Et à M. Mangini qui a mis tant d'empressement à seconder les vues du gouvernement et dont une distinction vient de récompenser le haut mérite.

« Monseigneur, le progrès matériel n'est pas le seul que poursuive cette paroisse. Comme tous les peuples, à des époques critiques, elle a pu avoir ses moments de défaillance et d'erreur. Les temps ont changé ; tous les jours la foi s'y ravive ; ses mœurs s'épurent ; on y voit fleurir la religion et la piété et bientôt une autre cérémonie religieuse appellera Votre Grandeur au milieu de nous. Le vœu de tous est qu'un monument mémorable consacré à l'auguste

Reine du Ciel, s'élève sur les ruines antiques du château des Sires de Villars.

« Je suis heureux, Monseigneur, d'en déposer la souscription aux pieds de Votre Grandeur avec prière de la bénir. Nous n'aurons plus alors, dans l'ivresse de notre joie, qu'à entonner l'hymne céleste que répétaient, il y a dix-huit siècles, les échos de Bethléem sur le berceau du Sauveur du monde : « *Gloire à Dieu au plus haut des Cieux et paix sur la terre aux hommes de bonne volonté.* »

Mgr de Langalerie s'avance bientôt après devant l'imposant auditoire et s'exprime en ces termes :

« Messieurs et mes Frères,

« Dieu seul sait tout ce qu'il y a en ce moment d'émotion dans notre âme. Appelé providentiellement à bénir, il y a quelques années, le chemin de fer de Sathonay qui forme la tête du vôtre, nous prenions pour texte et sujet de discours ces paroles de l'oraison dominicale : « Notre Père qui êtes aux cieux, donnez-nous notre pain de chaque jour. » Nous croyons que cette prière sera exaucée, en ce qui concerne les Dombes, par la création du chemin de fer et le desséchement des étangs, deux entreprises qui doivent marcher parallèlement et s'aider, se compléter l'une par l'autre.

« Le pain du travailleur, c'est la santé et le travail ; or le travail dans ces contrées ne fait point défaut, c'est la santé qui manque ou qui souffre par suite de ce chômage que l'on appelle la *fièvre*.

« L'entreprise que vous m'appelez à bénir doit combattre la maladie dans ses éléments les plus certains et les plus redoutables. Je suis donc fidèle à mon ministère évangélique, je ne sors pas des limites les plus sévères de la prière enseignée par le divin Sauveur, en répondant à vos désirs, en appelant sur votre œuvre et sur vous-mêmes les bénédictions les plus abondantes.

« Notre reconnaissance et nos bénédictions iront chercher tous ceux qui, de près ou de loin, ont contribué à l'heureux résultat de cette grande entreprise : le gouvernement de l'Empereur qui en a pris l'initiative, qui l'a secondée avec tant d'empressement et de bon vouloir; les membres du Corps législatif qui ont voté le crédit nécessaire; ah! nous n'oublierons jamais ce vote à l'*unanimité* si chrétien et si français; le Conseil général du département, il a vu couronner par cette œuvre tant de projets et de discussions qui prouvaient son zèle, son amour du bien public, mais en même temps l'importance et les difficultés de cette grande question.

« Parmi les membres de nos assemblées délibérantes notre cœur discerne ceux qui ont pris une part plus active à l'œuvre des Dombes comme députés de ce département; nous leur devions en ce jour un hommage particulier d'affectueuse reconnaissance. Nous vous le devons également, M. le Préfet; que de peines vous vous êtes données et vous vous donnez encore pour une création qui sera l'éternel honneur de votre administration. Il vous a fallu de la jeunesse et de la santé pour résister à d'aussi laborieuses épreuves; il vous a fallu surtout l'énergie de la volonté, un cœur d'acier.... ah qu'ai-je dit, un cœur tout détrempé d'affection et de dévouement pour vos administrés.

« Oh mon Dieu! bénissez ce cher et malheureux pays, où les petits enfants eux-mêmes, ces petits enfants que vous aimiez tant lorsque vous étiez sur la terre, se ressentent de la morbide influence du climat. O.mon Dieu ! bénissez tous ceux qui s'intéressent à un changement que nous appelons de toute l'ardeur de nos vœux; bénissez tous ceux qui veulent être, tous ceux qui seront, en rendant la santé aux travailleurs, à leurs femmes et à leurs enfants, les bienfaiteurs insignes du pays des Dombes.

« Ce vœu s'étend sur vous très-spécialement, Messieurs les membres du conseil d'administration, et en particulier sur vous, Messieurs Mangini, que nous pouvons bien appeler la seconde providence du chemin de fer des Dombes. Je ne sais, Messieurs, si vous avez fait une bonne affaire, mais je crois pouvoir dire ici publiquement et solennellement, la main sur mon cœur d'évêque, que vous avez fait en faveur du pays une belle et bonne action.

« Me permettrez-vous, en terminant, de vous adresser quelques conseils, ou du moins d'exprimer quelques désirs? Je le

ferai avec la confiance que m'inspire votre
affection, avec l'abandon qui m'est chose
si facile dans un cercle d'amis, dans une
réunion de famille.

« Soyez un chemin de fer modèle. Donnez
l'exemple de la sanctification du dimanche
aux populations qui vous entourent ; lais-
sez à vos ouvriers et à vos employés, dans
ce grand jour, au moins le matin, un peu
plus de répit qu'ailleurs, pour qu'ils puis-
sent remplir leurs devoirs religieux.

« C'est une grande misère morale pour ces
pauvres gens que cette vie de chaque jour,
presque de chaque instant, si absorbée par
le côté matériel de vos entreprises.

« Soyez chemin d'affaires, de travail et
non pas train de plaisir : hélas ! le plaisir,
lui aussi, est fiévreux dans nos contrées
comme partout, et il l'est à plusieurs titres.

« En donnant ainsi l'exemple du respect
pour les grands principes où s'alimente la
vie religieuse et sociale, vous pourrez être
petit chemin de fer quant à la distance ou
au rendement ; vous serez *grand* quant à
l'influence que vous exercerez : vos lignes
de fer, qui se perdent à l'horizon, ne seront pas inflexiblement et fatalement ri-
vées à la terre, elles se relèveront parfois
sous le regard charmé de l'esprit, de l'ima-
gination et du cœur pour montrer le Ciel
d'où descend tout don parfait et vers le-
quel doivent monter sans cesse nos aspirations, nos désirs, en attendant que nos
âmes elles-mêmes s'y rencontrent dans
une éternelle union avec Dieu. *Amen.* »

Ces paroles dites avec l'animation du geste et de la voix ont produit une vive sensation.

Mgr a ensuite procédé à la bénédiction de la voie et des locomotives, puis chacun s'est porté vers l'antique cité de Villars toute pavoisée de drapeaux et ornée de guirlandes, parcourue en tous sens par de nombreux étrangers.

A deux heures, tous les invités étaient réunis dans un banquet servi avec une délicatesse de mets et de vins qui se rencontre rarement. La salle décorée de draperie offrait un ravissant coup d'œil.

Au dessert, M. Bodin, député, et l'un des hommes les plus dévoués à la Dombes, a prononcé le discours suivant :

Monsieur le Préfet, Messieurs,

Il y a 26 ans qu'il m'a été donné d'assister ici même à une réunion vers laquelle la solennité de ce jour reporte tout naturellement ma pensée.

Nous avions obtenu, non sans efforts ni sacrifices, qu'un chemin direct de Bourg à Lyon par Villars, fût compris dans le réseau de la grande vicinalité départementale. Ce chemin venait enfin de s'ouvrir. Il s'agissait de fêter ce grand événement, de se concerter afin de poursuivre le classement de cette voie nouvelle et imparfaite au nombre des grandes routes de l'Etat, d'aviser enfin à tous les moyens de doter le pays d'étangs d'une artère centrale, le traversant de part en part, lui apportant les avantages et l'animation que comportent le transit d'un roulage important, et la circulation quotidienne de messageries.

On s'était empressé d'établir sur cette nouvelle ligne un service de voyageurs ; et deux voitures, l'une venant de Bourg, l'autre de Lyon, firent ce jour-là leur première apparition à Villars. Jamais rien de pareil ne s'y était encore vu, et les rares survivants de cette réunion doivent se rappeler l'admiration naïve,

les joyeuses acclamations qui accueillirent l'entrée de
ces premières diligences.

Pour se rendre compte d'un tel enthousiasme, il
faut avoir connu l'état de ce pays à cette époque, et
avant que la loi de 1836 sur la vicinalité eût com-
mencé à y apporter quelque heureuse modification.
Des chemins sans assiette fixe, sans empierrement,
sans entretien d'aucun genre. n'existaient en quelque
sorte que sur la carte. Ils n'offraient, même à la plus
chétive circulation, que des voies impraticables. Pri-
vée de toutes facilités d'accès, défendue à la fois par sa
réputation d'insalubrité, ses boues, l'eau de ses étangs
et ses fondrières, cette contrée était comme en inter-
dit, fermée même aux propriétaires de son sol. A
grand'peine, à grands frais, parvenait-elle à exporter
ses poissons et l'excédant de ses pauvres récoltes cé-
réales, dans lesquelles le froment ne tenait qu'une
place bien minime, aucun élément de progrès ne pouvait y pénétrer ; elle semblait vouée à toujours à l'in-
fertilité, à la misère, à la fièvre.

Il faut rendre cette justice aux propriétaires d'alors
et à la population du pays, qu'ils avaient le juste et
profond sentiment de leurs maux et un énergique vouloir pour y porter remède. « Aide-toi, le ciel t'aidera »,
telle fût leur devise ; elle mène toujours au succès.

Propriétaires, fermiers, simples ouvriers de la terre,
tous se laissèrent entraîner à la louable agitation qui
s'organisa pour la conquête d'une bonne viabilité, chacun rivalisa d'efforts et de sacrifices. Les chemins vi-
cinaux s'ouvrirent de toute part. Grâce à la bonne volonté générale, à l'active et libérale sympathie de tous,
on vit leur réseau s'allonger bien plus rapidement que
ne pouvaient le faire espérer les modestes moyens
d'exécution. Je me bornerai à ne citer qu'un exemple
de ce patriotisme local : quand il fut question de ce
chemin de Bourg à Lyon par Villars, les abandons
gratuits de terrains, les souscriptions individuelles,
les centimes communaux, les prestations imposèrent à
la contrée intéressée une charge volontaire de plus de
200,000 francs, et plus tard, quand l'Etat, pour élever ce simple chemin au rang de ses grandes routes,
demanda à cette même contrée un nouveau sacrifice
de 100,000 francs, l'élan fut tel, que les engagements
des particuliers et des communes dépassèrent de plus

du tiers le chiffre indiqué. Ainsi, cette contrée si pauvre a su, pour s'assurer cette artère centrale si désirée, fournir de 330 à 350,000 fr. , somme énorme, effort immense pour le temps ! Je suis heureux de trouver une occasion aussi solennelle de rendre un dernier et légitime hommage à un passé déjà presque oublié.

Le pays ne tarda pas à recueillir le fruit de cette entente intelligente de ses vrais intérêts. Une ère nouvelle s'ouvrit pour les Dombes et la Bresse, d'en-deçà de Bourg. Avec la viabilité vicina e pénétraient de toutes parts la chaux et les cendres, ces amendements indispensables à notre sol ; le roulage laissait de précieux engrais à chacune de ses stations sur la ligne centrale ; quelques propriétaires pouvant enfin visiter leurs domaines , s'éprenaient de cet amour des améliorations rurales , d'autant plus vif et attrayant , qu'il a pour objet une terre plus déshéritée. Aussi, sur les marges , et même au centre du pays , un certain nombre d'étangs disparurent pour faire place à des prairies; le trèfle se naturalisa dans ces champs qui lui avaient été jusqu'alors rebelles ; le froment se substitua partout au seigle ; la routine dût venir à composition. L'hygiène , la santé , la vie moyenne , la population progressèrent ; en même temps la rente du sol s'élevait. En un mot , le bien-être moral et matériel des populations s'accrut à mesure que les personnes , les choses , les idées trouvèrent une circulation plus facile.

Cette période de progrès, bien qu'interrompue pendant l'époque troublée qui suivit la crise de 1848 , ne trouva son terme que quelques années après; l'ouver du chemin de fer de Genève en fût comme le signal. Ce chemin de fer , tout en dotant les contrées traversées par lui d'un nouvel élément de prospérité, non seulement replaça notre pays d'étangs dans un état plus sensible d'infériorité relative ; mais encore , en faisant disparaître de notre route centrale roulage et diligences , il nous priva d'un levier indispensable, cette circulation qui portait la vie au cœur même de la Dombes nous était ravie ; et la plaie de l'absentéisme dût se rouvrir dans son entier.

Sans énumerer ici les diverses causes qui contribuèrent à ce temps d'arrêt, on peut dire qu'une première étape vers la transformation du pays d'étangs venait d'être parcourue , et qu'elle avait été poussée aussi loin que le comportaient les moyens et les ressources qu'apporte l'établissement d'un bon réseau de vicinalité ; elle ne pouvait aller au delà.

Mais la tâche accomplie était peu de chose comparée à ce qui restait à faire, 1500 hectares avaient été désséchés, plus de 14,000 existaient encore

Le commencement d'amélioration réalisé faisait plus vivement désirer de la voir se compléter; le besoin de faire disparaître entièrement une insalubrité qui était seulement amoindrie, s'imposait aux esprits au nom de l'humanité. Une nouvelle législation, en permettant de sortir de l'indivision qui enchaînait la plupart des étangs, venait de faire tomber les obstacles légaux au désséchement. On ne se trouvait plus qu'en présence du problème pûrement matériel et économique. 14,000 hectares d'étangs à transformer ; la surface presque entière du sol arable à défoncer, amender, fertiliser ; car la salubrité complète n'était qu'à ce prix, tel était ce formidable problème. On sentit bientôt que toutes les forces de la contrée seraient, à elles seules, impuissantes à le résoudre. Comment espérer d'elles, à court délai, les bras nécessaires, les capitaux énormes (20 millions tout au moins) qui, sous forme de constructions, de cheptel vivant ou mort, d'amendements, d'engrais, de travaux de tout genre, étaient à incorporer au sol en quelques années?

Ce fut alors que se présenta l'idée d'un chemin de fer venant se substituer à notre route Impériale abandonnée, et restituant au centuple à la Dombes les avantages qu'elle venait de perdre. Dans un écrit substantiel, une plume autorisée mit en avant ce projet, et prouva que là était le plus sûr, le plus puissant, je me trompe, le seul moyen de résoudre cette question si haute et si arduc de la régénération à la fois radicale et rapide de toute une contrée, de l'enrichir tout en l'assainissant.

Un tel projet, produit à un tel moment (1856), ne pouvait que réunir toutes les sympathies. Des souscriptions dont le chiffre répondait à l'importance de l'entreprise furent recueillies, et des démarches actives en vue d'une concession furent faites à Paris. Elles n'amenèrent pas de résultat, l'idée peut-être était encore trop nouvelle, les circonstances défavorables , puis.

dans toutes les choses humaines, le succès, quand il est possible, vient à son heure. Cette heure on ne la laisse pas impunément échapper, mais il n'est guères donné de l'avancer.

Le temps marchait cependant, et sans que le problème eut perdu aucune de ses difficultés, sa solution devenait de jour en jour plus urgente. La question du desséchement, prenant le pas sur la question d'amélioration générale, passionnait et divisait les meilleurs esprits. Animés d'un dévouement égal à la cause du progrès, d'accord sur le but à poursuivre, on ne s'entendait plus sur les moyens de l'atteindre. Un seul point cependant était hors de contestation : la nécessité de la généreuse intervention de l'Etat.

Administration départementa e, conseil général, tous les organes du pays, sollicitaient chaque année avec plus d'instance cette intervention providentielle.

Ce n'est pas auprès d'un souverain tel que Napoléon III qu'une semblable prière pouvait rester stérile ; qu'une question qui intéressait l'humanité et la prospérité de toute une contrée pouvait demeurer sans être heureusement tranchée. L'Empereur *voulait* la transformation de la Dombes, cette transformation devenait dès lors certaine. Les moyens d'exécution longtemps médités dans les hautes régions gouvernementales, reçurent enfin de l'homme d'Etat éminent qui était en ce moment à la tête du ministère de l'Agriculture et des travaux publics, leur formule pratique et définitive. Cette intelligence si vaste, si sûre, si pénétrante, avait embrassé toute l'ampleur d'une telle œuvre, en avait saisi toutes les difficu tés. Il voulut que l'aide de l'Etat, pour être efficace, fut proportionnée à la tâche à accomplir ; et, grâces à lui, la Dombes obtint au-delà de ce qu'aucun de nous avait jamais espéré pour elle.

Tout n'était point dit encore : les forces privées indispensables pour mener à fin cette vaste entreprise de bien public que la munificence de l'Etat venait de rendre possible, étaient à réunir. Vous savez, Messieurs, les obstacles, les lenteurs, les découragements même, qu'il a fallu surmonter dans cette dernière épreuve. Vous savez que c'est après une longue et anxieuse attente, et par le concours presque inespéré de circonstances exceptionnelles, que les diverses coopérations nécessaires sont parvenues à se grouper, et

qu'il nous est donné de voir s'exécuter ce plan qui dote
notre contrée du plus certain, du plus merveilleux instrument de progrès, en même temps qu'il assure immédiatement dans un délai fixé le dessèchement *volontaire* de près de la moitié de tous les étangs

Pardonnez-moi, Messieurs, ce trop long exposé.
Mais, une fois en vue du port, on trouve plus de douceur
à se rappeler l'éloignement du point de départ, les in-
cidents et les émotions de la traversée.

Combien l'avenir qui s'ouvre aujourd'hui devant
nous fait un heureux contraste avec les tristesses du
passé ! loin de moi la pensée de dérouler ici les avantages si multiples, si divers qui seront la conséquence
de la voie ferrée, je ne puis néanmoins me défendre, en
prenant Villars, point central du pays, pour exemple,
de poser ici quelques chiffres comparatifs dont le rap-
prochement a son éloquence.

Avant l'ouverture de la route Impériale, un voyage
soit à Lyon, soit à Bourg exigeait un jour entier, et
coutait au moins 10 fr. Il fallait la même dépense de
temps et d'argent pour le retour.

Depuis la route Impériale, le même trajet deman-
dait plus de 3 heures, et un déboursé de 2 fr. 50 à 2
fr. 10 c. Avec le chemin de fer, il ne faudra plus que
45 minutes et 1 fr. 50 c.

Voilà pour les personnes.

Quant aux choses :

Avant 1841, 450 kilos de blé faisaient la charge
d'un cheval. Ce transport à une distance moyenne de
trente kilomètres, prenait plus d'un jour, retour compris ; avec le conducteur et les frais obligés de route, ce
charroi revenait à 5 fr. au moins. Ce qui représente
1 fr. 10 c. par quintal métrique, et 4 pour cent du prix
du blé calculé à 25 fr. les 100 kilos.

Une fois les bons chemins établis, cette dépense
s'était abaissée de moitié, et ne représentait plus que
2 pour cent du prix. Par le chemin de fer, pour la
même distance, il n'y aura plus à débourser que 2,40
centimes, au maximum, par quintal métrique, soit un
pour cent du prix de la marchandise.

Je pourrais multiplier de tels calculs à l'infini. I s
prennent une tout autre importance appliqués aux
amendements, aux engrais, aux matériaux de construction ; toutes choses qui comportent des tonnages consi-

dérables, dont la masse, même réduite aux modestes exigences du présent, est tout-à-fait hors de proportion avec les moyens de traction dont la contrée peut disposer.

Cet abaissement dans le prix du transport de toutes les matières pondéreuses et encombrantes indispensables à la régénération de cette contrée, en même temps qu'une faculté illimitée quant aux quantités de ces transports ; voilà une prime d'une efficacité certaine, donnée à chaque hectare quelle que soit sa nature, prime perpétuelle, dont le fonds loin de s'épuiser ira s'accroissant sans cesse, dans la même proportion que se développera la richesse agricole.

Il y a un enchaînement logique, fatal, dans les faits économiques ; comme une correlation obligée entre tous les éléments de la production. La culture primitive symbolisée par le simple araire qui, il y a 40 ans, écorchait seul les champs de la Dombes, pourrait-elle se soutenir en présence de la culture actuelle, dont la puissante charrue Dombasle peut être considérée comme l'expression ?

Aujourd'hui qu'une grande révolution économique vient de s'accomplir : que le télégraphe et les voies rapides, supprimant le temps et l'espace, ont rendu tous les marchés solidaires ; que les frontières sont abaissées ; que le champ de la lutte entre tous les producteurs agricoles est pour ainsi dire, sans limites ; cette lutte est devenue plus grave ; l'agriculteur placé sur un sol d'une médiocre fertilité, dépourvu de capitaux, insuffisamment outillé, n'ayant avec les centres de consommation que des communications lentes et coûteuses, pourra-t-il se maintenir en concurrence avec celui qui, exploitant un sol enrichi, et maintenu au plus haut degré de fertilité par la successive et féconde infusion des capitaux, muni des instruments les plus puissants et les plus perfectionnés, a tous les marchés sous sa main et voit ses frais généraux s'atténuer en raison directe de l'accroissement de ses produits ?

Au temps où nous sommes, dans les luttes pacifiques du travail comme sur le champ de bataille, c'est la supériorité de l'armement qui fait la victoire. Maintenant l'agriculture de notre Dombes a, elle aussi, son fusil à aiguille : c'est cet admirable outil collectif appelé *chemin de fer*. Aussi, quand le sifflet de la première locomotive a retenti dans nos plaines, je n'ai pu l'entendre sans émotion et sans adresser une pensée de profonde reconnaissance au Souverain de qui cette terre qui nous est si chère, reçoit ce gage certain de salubrité et de prospérité futures.

Je me rends l'interprête du sentiment qui remplit tous nos cœurs en portant ce toast : *Au bienfaiteur, au regénérateur de notre Dombes, à l'Empereur Napoléon III et à sa dynastie !* (Vives acclamations.)

M. Mangini, ingénieur, a porté à M. le Préfet de l'Ain un toast suivi de nombreux bravos.

Les locomotives donnent le signal du départ ; on s'envoie des adieux, on se dit au revoir, puis les deux convois s'élancent, l'un dans la direction de Lyon, l'autre dans la direction de Bourg.

La gendarmerie des brigades voisines, les pompiers de Villars ont fait le service officiel.

La Fanfare bressanne, la Fanfare de Pont-de-Vaux avec celles de Villars, de Trévoux, de St-André-de-Corcy, ont rivalisé à qui mieux mieux par la sûreté de leur exécution, et ont fait entendre le soir une retraite dans les rues de la cité.

Le train dirigé sur Bourg est revenu immédiatement à Villars avec de nombreux citadins qui ont assisté aux réjouissances de la soirée : feu d'artifice, bal, illuminations ; c'était partout joie et fête.

Un dernier train a ramené à Bourg, à dix heures du soir, les musiques et les curieux.

Voilà des relations bien commencées. Espérons qu'elles ne feront que croître et profiter à tous.

Un temps à souhait, quelques rayons d'un beau soleil, ont permis aux nombreux étrangers d'embrasser d'un coup d'œil les vastes horizons de la Dombes et ses champs en pleine culture.

(*Journal de l'Ain.*)

Bourg, imp. Milliet-Bottier